Praticien en IA Générative : Maîtriser le Marketing Piloté par l'IA pour l'Avenir

Introduction à l'IA Générative dans le Marketing

L'IA générative, une sous-catégorie de l'intelligence artificielle, transforme le paysage du marketing en permettant la création de contenu personnalisé et dynamique à grande échelle. Cette technologie utilise des modèles d'apprentissage automatique pour générer du texte, des images et d'autres médias, révolutionnant ainsi la manière dont les marques interagissent avec leurs audiences. Dans le marketing, l'IA générative est utilisée pour la création de contenu, la segmentation de la clientèle, l'analyse prédictive et la publicité personnalisée, conduisant à des campagnes plus engageantes et efficaces.

La capacité de l'IA générative à analyser de vastes quantités de données et à produire du contenu semblable à celui des humains ouvre de nouvelles possibilités pour les marketeurs. Par exemple, elle peut produire des campagnes par e-mail personnalisées, créer du contenu engageant pour les réseaux sociaux et même générer des publicités vidéo adaptées à des démographies spécifiques. En automatisant les tâches répétitives et en fournissant des insights sur le comportement des consommateurs, l'IA générative permet aux marketeurs de se concentrer sur la planification stratégique et la créativité, améliorant ainsi l'expérience client et stimulant la croissance de l'entreprise.

Ce livre vise à fournir un guide complet pour comprendre et utiliser l'IA générative dans le marketing. Que vous soyez un professionnel du marketing, un data scientist ou un dirigeant d'entreprise, ce livre vous équipera des connaissances et des outils nécessaires pour mettre en œuvre efficacement l'IA générative dans vos stratégies marketing.

Objectifs et Portée du Livre

L'objectif principal de ce livre est de démystifier l'IA générative et d'illustrer ses applications pratiques dans le domaine du marketing. Il couvre un large éventail de sujets, y compris les bases de l'IA, la gestion des données, la génération de contenu, l'engagement client, l'analyse prédictive, les considérations éthiques et les tendances futures. À la fin de ce livre, les lecteurs auront une compréhension solide de la manière de tirer parti de la puissance de l'IA générative pour améliorer leurs efforts marketing.

Les objectifs clés incluent :

- Fournir une compréhension fondamentale de l'IA générative et de ses composants.

- Démontrer l'utilisation de l'IA générative dans diverses fonctions marketing.

- Offrir des conseils pratiques sur la mise en place et la gestion de projets marketing pilotés par l'IA.

- Discuter des considérations éthiques et réglementaires.

- Explorer les tendances futures et les technologies émergentes dans le marketing par IA.

La portée de ce livre englobe à la fois les connaissances théoriques et les applications pratiques. Il est conçu pour être accessible aux lecteurs de différents niveaux d'expertise technique, offrant des instructions étape par étape, des études de cas et des exemples réels pour illustrer les concepts clés.

Comment Utiliser ce Livre

Ce livre est structuré pour servir à la fois de guide complet et de manuel pratique. Chaque chapitre s'appuie sur les précédents, approfondissant progressivement votre compréhension de l'IA générative dans le marketing. Voici quelques conseils pour tirer le meilleur parti de ce livre :

- Commencez par les Bases : Commencez par la Préface et le Chapitre 1 pour établir une base solide de ce qu'est l'IA générative et comment elle peut être appliquée dans le marketing.

- Explorez les Applications Pratiques : Au fil des chapitres, vous rencontrerez des explications détaillées et des exemples de mise en œuvre de l'IA générative dans diverses fonctions marketing.

- Utilisez les Études de Cas : Apprenez des exemples réels et des études de cas pour voir comment les entreprises utilisent avec succès l'IA générative.

- Suivez les Guides Pratiques : Utilisez les guides pratiques et les check-lists fournis pour mettre en œuvre des projets pilotés par l'IA dans votre organisation.

- Restez Éthique et Conformé : Accordez une attention particulière aux chapitres sur l'éthique et la conformité pour garantir que vos pratiques en matière d'IA sont

responsables et légales.

- Gardez un Œil sur l'Avenir : Les derniers

  chapitres vous aideront à rester à la pointe en

  comprenant les tendances émergentes et en

  vous préparant aux avancées futures du

  marketing par IA.

Chapitre 1 : Comprendre l'IA Générative

Définition et Fondamentaux

L'IA générative désigne une classe d'algorithmes

d'intelligence artificielle qui génèrent de nouvelles

données ou du contenu basé sur les données sur

lesquelles ils ont été formés. Contrairement à l'IA traditionnelle, qui se concentre sur la reconnaissance de modèles et la réalisation de prédictions, l'IA générative crée quelque chose de nouveau. Cela peut être sous forme de texte, d'images, de musique ou d'autres médias.

Au cœur de l'IA générative se trouvent les modèles d'apprentissage automatique, en particulier les architectures d'apprentissage profond telles que les réseaux adverses génératifs (GAN), les autoencodeurs variationnels (VAE) et les Transformers. Ces modèles apprennent à partir de vastes ensembles de données, capturant les modèles et structures sous-jacents pour générer du contenu réaliste et contextuellement pertinent. Par exemple, un modèle d'IA générative formé sur un grand corpus de texte peut produire des phrases, des paragraphes ou même des articles entiers cohérents et appropriés au contexte.

L'IA générative a une large gamme d'applications au-delà du marketing, y compris dans l'art, la musique, la santé et la finance. Cependant, sa capacité à créer du contenu personnalisé et engageant la rend particulièrement précieuse dans le domaine du marketing. En automatisant la création de contenu et en permettant une

personnalisation en temps réel, l'IA générative

aide les marketeurs à délivrer des messages plus

pertinents et percutants à leurs audiences.

Concepts et Terminologies Clés

Comprendre l'IA générative implique de se

familiariser avec plusieurs concepts et

terminologies clés :

- Réseaux Neuronaux : Un ensemble

  d'algorithmes modélisés d'après le cerveau

  humain, utilisés pour reconnaître des motifs

  et des relations dans les données.

- Apprentissage Profond : Une sous-catégorie de l'apprentissage automatique qui utilise des réseaux neuronaux avec de nombreuses couches pour analyser divers facteurs des données.

- Réseaux Adverses Génératifs (GAN) : Un type de réseau neuronal où deux modèles, un générateur et un discriminateur, sont formés ensemble pour produire des données réalistes.

- Autoencodeurs Variationnels (VAE) : Un type de modèle génératif qui apprend à encoder les données dans un espace latent et à les décoder en données, générant ainsi du contenu nouveau similaire aux données d'entrée.

- Transformers : Une architecture de modèle d'apprentissage profond particulièrement efficace pour les tâches de traitement du langage naturel, telles que les modèles GPT (Generative Pre-trained Transformer).

- Données d'Entraînement : L'ensemble de données utilisé pour entraîner les modèles d'IA, composé d'exemples à partir desquels le modèle apprend.

- Espace Latent : Une représentation compressée des données dans laquelle les modèles génératifs opèrent pour créer du nouveau contenu.

- Surapprentissage : Une erreur de modélisation qui se produit lorsqu'un modèle d'IA apprend les détails et le bruit des données d'entraînement à un point tel qu'il fonctionne mal sur de nouvelles données non vues.

- Biais et Équité : Considérations liées à la garantie que les modèles d'IA ne perpétuent ni n'aggravent les biais présents dans les données d'entraînement.

Histoire et Évolution de l'IA Générative

L'histoire de l'IA générative est marquée par plusieurs jalons et avancées clés :

- Recherche Précoce sur l'IA (1950s-1980s) : Les bases de l'IA ont été posées pendant cette période avec les premiers travaux sur les réseaux neuronaux et les algorithmes d'apprentissage automatique. Cependant, les limitations informatiques ont entravé des progrès significatifs.

- Essor de l'Apprentissage Automatique (1990s-2000s) : L'avènement d'ordinateurs plus puissants et la disponibilité de grands ensembles de données ont stimulé les avancées dans l'apprentissage automatique. Les algorithmes comme les machines à vecteurs de support et les arbres de décision sont devenus populaires.

- Révolution de l'Apprentissage Profond (2010s) : Le développement de techniques d'apprentissage profond, en particulier les réseaux neuronaux convolutifs (CNN) et les réseaux neuronaux récurrents (RNN), a conduit à des percées dans la reconnaissance d'images et de la parole. L'introduction des GAN par Ian Goodfellow en 2014 a marqué un jalon significatif pour l'IA générative.

- Transformers et Modèles de Langage (Fin 2010s-Présent) : L'introduction de l'architecture Transformer en 2017 a révolutionné le traitement du langage naturel. Des modèles comme BERT, GPT-2 et GPT-3 ont démontré la capacité à générer du texte cohérent et contextuellement pertinent, repoussant les limites de ce que l'IA peut accomplir en création de contenu.

- État Actuel et Directions Futures : Aujourd'hui, l'IA générative continue d'évoluer avec des recherches en cours visant à améliorer les performances des modèles, à réduire les biais et à étendre les applications. Les futurs développements se concentreront probablement sur l'amélioration de la personnalisation, de l'éthique et de la transparence des systèmes d'IA générative.

Conclusion du Chapitre 1

Comprendre les fondamentaux de l'IA générative est crucial pour exploiter son potentiel dans le marketing. En combinant les avancées de l'apprentissage automatique avec des applications créatives, les marketeurs peuvent créer des campagnes plus dynamiques et personnalisées. Le prochain chapitre explorera en détail comment l'IA générative peut être appliquée pour améliorer diverses fonctions marketing, de la création de contenu à l'analyse des données.

Chapitre 2 : Applications Pratiques de l'IA Générative dans le Marketing

Création de Contenu Personnalisé

L'une des applications les plus puissantes de l'IA générative dans le marketing est la création de contenu personnalisé. Les marketeurs peuvent utiliser des modèles d'IA pour générer des articles de blog, des posts sur les réseaux sociaux, des descriptions de produits et même des scripts vidéo adaptés aux intérêts et comportements spécifiques des clients. Par exemple, un modèle de génération de texte comme GPT-3 peut produire des descriptions de produits uniques en fonction des préférences des utilisateurs et des tendances de recherche.

Étude de Cas : Campagne par Email Une entreprise de commerce électronique souhaitait augmenter l'engagement de ses campagnes par email. En utilisant un modèle d'IA générative, ils ont pu créer des emails personnalisés pour chaque segment de clientèle. Le modèle a analysé les données des clients, telles que les achats passés, les comportements de navigation et les préférences de produits, pour générer des contenus d'email qui résonnent avec chaque individu. Résultat : une augmentation de 25% du taux d'ouverture et une hausse de 15% des conversions.

Segmentation Avancée de la Clientèle

L'IA générative peut également être utilisée pour la segmentation avancée de la clientèle. En analysant de vastes ensembles de données comportementales et démographiques, les modèles d'IA peuvent identifier des segments de clients qui partagent des caractéristiques similaires. Ces segments peuvent ensuite être ciblés avec des messages marketing spécifiques qui répondent à leurs besoins et préférences uniques.

Étude de Cas : Publicité Personnalisée Une

entreprise de services financiers voulait améliorer

la pertinence de ses publicités en ligne. En

utilisant des techniques de segmentation

alimentées par l'IA générative, ils ont pu identifier

des micro-segments de clients ayant des intérêts

et des comportements financiers spécifiques. Les

publicités générées pour ces segments ont

montré une pertinence accrue, entraînant une

augmentation de 30% du taux de clics et une

amélioration de 20% des conversions.

Analyse Prédictive

L'analyse prédictive est une autre application clé de l'IA générative dans le marketing. En utilisant des modèles d'apprentissage automatique, les marketeurs peuvent prédire les comportements futurs des clients, tels que les tendances d'achat, la probabilité de churn (attrition) et les réponses aux campagnes marketing. Cela permet de prendre des décisions marketing plus éclairées et de concevoir des stratégies proactives.

Étude de Cas : Prévision des Tendances de Vente

Un détaillant en ligne cherchait à optimiser son inventaire et ses promotions. En utilisant l'analyse prédictive basée sur l'IA générative, ils ont pu prévoir les tendances de vente pour différents produits et catégories. Ces prévisions ont permis à l'entreprise de mieux gérer ses stocks et de concevoir des promotions ciblées, réduisant les surstocks et augmentant les ventes de 15%.

Publicité Créative et Génération de Visuels

L'IA générative peut également être utilisée pour créer des visuels publicitaires attrayants et dynamiques. Des modèles comme les Réseaux Adverses Génératifs (GAN) peuvent générer des images et des vidéos réalistes qui captivent l'audience. Ces visuels peuvent être personnalisés en temps réel en fonction des interactions des utilisateurs, offrant ainsi une expérience publicitaire plus engageante.

Étude de Cas : Campagne Vidéo Dynamique Une marque de mode voulait lancer une campagne vidéo qui s'adapte en temps réel aux préférences des spectateurs. En utilisant des GAN, ils ont pu créer des vidéos qui changent en fonction des interactions de l'utilisateur, comme les clics et les visionnements antérieurs. Cette approche a entraîné une augmentation de 40% du taux de visionnage complet et une hausse de 25% des intentions d'achat.

Conclusion du Chapitre 2

Les applications pratiques de l'IA générative dans le marketing sont vastes et variées. De la création de contenu personnalisé à la segmentation avancée, en passant par l'analyse prédictive et la publicité créative, l'IA générative offre des outils puissants pour améliorer l'efficacité des campagnes marketing. Le prochain chapitre explorera en détail les aspects techniques de la mise en œuvre de l'IA générative dans les projets marketing, y compris la sélection des modèles, la gestion des données et l'évaluation des performances.

Chapitre 3 : Mise en Œuvre de l'IA Générative dans les Projets Marketing

Sélection des Modèles d'IA

La première étape pour intégrer l'IA générative dans les projets marketing consiste à sélectionner les modèles d'IA appropriés. Plusieurs types de modèles sont disponibles, chacun ayant ses propres avantages et cas d'utilisation :

- **GPT (Generative Pre-trained Transformer)** : Idéal pour la génération de texte et le traitement du langage naturel.

- **GAN (Generative Adversarial Networks)** :
  Efficace pour la création d'images et de vidéos
  réalistes.

- **VAE (Variational Autoencoders)** : Utilisés
  pour générer des données structurées et des
  représentations latentes.

- **Transformers** : Adaptés pour les tâches
  complexes de génération de texte, comme les
  chatbots et les assistants virtuels.

Étapes de Sélection du Modèle

1. **Définir les Objectifs** : Identifiez clairement les
   objectifs du projet marketing. Par exemple,

souhaitez-vous générer du contenu textuel, des images, ou des prédictions comportementales ?

2. **Évaluer les Données Disponibles** : Analysez les données disponibles pour former le modèle. Plus les données sont nombreuses et variées, plus le modèle sera performant.

3. **Choisir le Modèle Approprié** : Sélectionnez un modèle qui correspond à vos objectifs et à vos données. Par exemple, pour la génération de texte, GPT-3 pourrait être un bon choix, tandis que pour les images, un GAN serait plus approprié.

Gestion des Données

La qualité des données est cruciale pour le succès des projets d'IA générative. Voici quelques bonnes pratiques pour gérer les données :

- **Collecte de Données** : Assurez-vous de collecter des données diversifiées et représentatives de votre audience cible.

- **Prétraitement des Données** : Nettoyez et normalisez les données pour éliminer les biais et les incohérences.

- **Annotation des Données** : Étiquetez les données pour aider le modèle à comprendre les relations et les contextes.

- **Stockage des Données** : Utilisez des systèmes de gestion de bases de données efficaces pour stocker et récupérer les données rapidement.

Étude de Cas : Préparation des Données pour un Modèle de Texte Une entreprise de média voulait utiliser un modèle GPT-3 pour générer des articles de blog. Ils ont collecté des données de leurs archives, les ont nettoyées pour éliminer les doublons et les erreurs, et les ont étiquetées pour identifier les sujets et les tons. Le modèle formé sur ces données a pu produire des articles cohérents et pertinents, augmentant ainsi l'engagement des lecteurs.

Formation et Évaluation des Modèles

Une fois les données prêtes, l'étape suivante est la formation et l'évaluation des modèles d'IA :

- **Formation des Modèles** : Utilisez des algorithmes d'apprentissage profond pour former le modèle sur vos données. Cela peut nécessiter des ressources informatiques importantes, comme des GPU et des TPU.

- **Évaluation des Modèles** : Testez le modèle sur des ensembles de données de validation pour mesurer ses performances. Utilisez des métriques telles que la précision, le rappel, et la F1-score pour évaluer les résultats.

Étude de Cas : Évaluation d'un Modèle de Génération d'Images Une entreprise de publicité voulait utiliser un GAN pour créer des visuels publicitaires. Après avoir formé le modèle sur un ensemble de données d'images, ils ont évalué sa performance en générant de nouvelles images et en les comparant à des visuels existants. Les images générées ont été jugées de haute qualité par un panel d'experts, ce qui a validé l'efficacité du modèle.

Intégration et Déploiement

La dernière étape consiste à intégrer et déployer le modèle d'IA générative dans les systèmes marketing existants :

- **Intégration** : Intégrez le modèle dans vos plateformes marketing, telles que les outils de gestion de contenu, les systèmes CRM, et les plateformes de publicité.

- **Déploiement** : Déployez le modèle en production, en veillant à ce qu'il puisse traiter des demandes en temps réel et s'adapter aux changements de données.

- **Surveillance et Maintenance** : Surveillez les performances du modèle en continu et effectuez des mises à jour régulières pour maintenir son efficacité.

Étude de Cas : Déploiement d'un Chatbot Alimenté par IA Une entreprise de services clients a déployé un chatbot basé sur un modèle Transformer pour répondre aux questions des clients en temps réel. Le chatbot a été intégré à leur site web et à leur application mobile, et il a pu traiter des milliers de requêtes par jour, améliorant ainsi la satisfaction des clients et

réduisant les coûts de support.

Conclusion du Chapitre 3

La mise en œuvre de l'IA générative dans les

projets marketing nécessite une planification

minutieuse et une exécution rigoureuse. En

sélectionnant les bons modèles, en gérant

efficacement les données, en formant et en

évaluant les modèles de manière appropriée, et

en intégrant et déployant ces modèles dans les

systèmes existants, les marketeurs peuvent

exploiter le plein potentiel de l'IA générative pour

améliorer leurs campagnes et interagir plus efficacement avec leurs clients. Le prochain chapitre explorera les considérations éthiques et les défis liés à l'utilisation de l'IA générative dans le marketing.

Chapitre 4 : Considérations Éthiques et Défis

Éthique de l'IA Générative

L'intégration de l'IA générative dans le marketing soulève plusieurs questions éthiques :

- **Biais et Discrimination** : Les modèles d'IA peuvent perpétuer ou amplifier les biais présents dans les données d'entraînement. Il est crucial d'identifier et de corriger ces biais pour éviter la discrimination et garantir l'équité.

- **Transparence** : Les consommateurs doivent être informés lorsque des contenus générés par l'IA sont utilisés. La transparence dans les pratiques de l'IA augmente la confiance des clients.

- **Confidentialité des Données** : La protection des données personnelles des clients est essentielle. Les entreprises doivent respecter les réglementations sur la confidentialité des données, comme le RGPD, et garantir que les données utilisées pour entraîner les modèles d'IA sont anonymisées et sécurisées.

Étude de Cas : Gestion des Biais dans un Modèle Publicitaire Une agence de publicité utilisant un modèle GAN pour générer des visuels a découvert que les images produites reflétaient des stéréotypes de genre. Ils ont retravaillé leur ensemble de données d'entraînement pour inclure une représentation plus diversifiée et ont ajusté le modèle pour réduire les biais, ce qui a conduit à des visuels plus inclusifs.

Défis Techniques

La mise en œuvre de l'IA générative comporte également des défis techniques :

- **Ressources Informatiques** : La formation des modèles d'IA générative nécessite des ressources informatiques importantes, comme les GPU et les TPU, qui peuvent être coûteuses.

- **Qualité des Données** : La performance des modèles dépend de la qualité des données d'entraînement. Des données biaisées ou de mauvaise qualité peuvent entraîner des résultats médiocres.

- **Maintenance des Modèles** : Les modèles d'IA doivent être régulièrement mis à jour et entretenus pour s'adapter aux nouvelles données et aux évolutions du marché.

Étude de Cas : Gestion des Ressources Informatiques pour l'IA Une entreprise technologique a rencontré des problèmes de coût en formant un modèle GPT-3 pour la génération de contenu. En utilisant des solutions de cloud computing et en optimisant les algorithmes, ils ont réussi à réduire les coûts de formation tout en maintenant la qualité des résultats.

Réglementations et Conformité

Les entreprises utilisant l'IA générative doivent se conformer aux réglementations locales et internationales :

- **Règlement Général sur la Protection des Données (RGPD)** : En Europe, les entreprises doivent se conformer au RGPD, qui impose des restrictions strictes sur la collecte et l'utilisation des données personnelles.

- **Lois sur la Publicité** : Les contenus générés par l'IA doivent respecter les lois et règlements publicitaires, évitant les fausses informations et les pratiques trompeuses.

Étude de Cas : Conformité au RGPD Une société de marketing utilisant l'IA pour segmenter ses clients et personnaliser ses messages a mis en place des procédures strictes pour garantir que toutes les données collectées étaient conformes au RGPD. Ils ont également formé leur personnel sur les meilleures pratiques de confidentialité des données et ont mis en place des audits réguliers pour assurer la conformité continue.

Chapitre 5 : Tendances Futures et Technologies Émergentes

Innovations dans l'IA Générative

L'IA générative continue d'évoluer avec des innovations majeures qui promettent de transformer encore plus le marketing :

- **Modèles Multimodaux** : Les modèles capables de générer et de comprendre à la fois le texte, l'image, et l'audio ouvrent de nouvelles possibilités pour des campagnes marketing plus immersives et interactives.

- **Personnalisation en Temps Réel** : L'IA générative permet une personnalisation en temps réel des interactions client, offrant des expériences plus engageantes et pertinentes.

- **Automatisation Avancée** : L'automatisation des tâches complexes de marketing, comme la création de stratégies de contenu ou l'optimisation des campagnes, devient plus accessible avec l'IA générative.

Étude de Cas : Utilisation des Modèles Multimodaux Une marque de divertissement a utilisé un modèle multimodal pour créer une campagne marketing interactive, combinant des vidéos générées par l'IA, des descriptions de texte, et des éléments audio personnalisés. Cette approche a considérablement augmenté l'engagement et la satisfaction des clients.

Perspectives d'Avenir

Les tendances futures dans l'IA générative indiquent une intégration plus profonde dans les stratégies marketing :

- **IA Éthique et Responsable** : La focalisation sur l'IA éthique et responsable devient primordiale, avec des entreprises investissant dans des cadres et des outils pour garantir des pratiques d'IA transparentes et équitables.

- **Augmentation de l'IA** : Plutôt que de remplacer les marketeurs, l'IA générative servira de complément, augmentant la créativité humaine et aidant à prendre des décisions plus informées.

- **Éducation et Formation** : La demande pour des compétences en IA augmentera, incitant les organisations à investir dans l'éducation et la formation continue pour leurs employés.

Étude de Cas : Formation en IA pour les Équipes Marketing

Une grande entreprise de biens de

consommation a lancé un programme de formation en IA pour ses équipes marketing. Ce programme incluait des ateliers pratiques, des cours en ligne et des sessions de mentorat, permettant aux employés de comprendre et d'utiliser efficacement l'IA générative dans leurs campagnes.

Conclusion du Livre

L'IA générative représente une avancée majeure pour le marketing, offrant des outils puissants pour créer du contenu personnalisé, améliorer l'engagement client, et optimiser les campagnes.

En adoptant une approche éthique et responsable, et en surmontant les défis techniques et réglementaires, les entreprises peuvent exploiter pleinement le potentiel de l'IA générative pour transformer leurs stratégies marketing et se préparer pour l'avenir.

Ce livre a fourni un guide complet sur la compréhension et l'utilisation de l'IA générative dans le marketing. En suivant les étapes décrites et en adoptant les meilleures pratiques, les marketeurs peuvent naviguer avec succès dans ce nouveau paysage technologique et rester compétitifs dans un marché en constante évolution.

Chapitre 6 : Études de Cas et Exemples Concrets

Utilisation de l'IA Générative dans le Marketing de Contenu

Étude de Cas : Blog sur les Technologies Une entreprise spécialisée dans les technologies de l'information a utilisé un modèle GPT-3 pour générer du contenu de blog pertinent et informatif. En analysant les tendances actuelles et les sujets populaires, le modèle a créé des articles qui ont augmenté le trafic du site de 50% en trois mois. Les articles générés couvraient une variété de sujets techniques, tout en restant cohérents et bien structurés, ce qui a aidé l'entreprise à se positionner comme un leader d'opinion dans son domaine.

Étude de Cas : Descriptions de Produits pour un Site e-Commerce Un détaillant en ligne a déployé un modèle de génération de texte pour écrire des descriptions de produits personnalisées. En tenant compte des préférences des clients et des données de recherche, le modèle a produit des descriptions engageantes et optimisées pour le

SEO. Cette initiative a non seulement amélioré l'expérience utilisateur, mais a également conduit à une augmentation de 20% des ventes.

Génération de Contenu Visuel avec les GAN

Étude de Cas : Campagnes Publicitaires Une agence de publicité a utilisé les GAN pour créer des visuels uniques et percutants pour une campagne de lancement de produit. En générant des images réalistes et attrayantes, le modèle a permis de réduire les coûts de production et d'accélérer le processus créatif. Les visuels générés ont été testés sur différents segments de marché, augmentant l'efficacité des campagnes et l'engagement des consommateurs.

Personnalisation des Expériences Utilisateurs

Étude de Cas : Plateforme de Streaming Une plateforme de streaming vidéo a intégré un modèle d'IA générative pour personnaliser les recommandations de contenu. En analysant les habitudes de visionnage et les préférences des utilisateurs, le modèle a généré des suggestions de films et de séries adaptés à chaque profil. Cette personnalisation a conduit à une augmentation de 30% du temps de visionnage et à une amélioration de la satisfaction des utilisateurs.

Chapitre 7 : Outils et Technologies pour l'IA Générative

Plateformes et Outils de Développement

OpenAI GPT-3 GPT-3, développé par OpenAI, est l'un des modèles de génération de texte les plus avancés. Il peut être utilisé pour une variété de tâches, y compris la rédaction de contenu, la réponse à des questions, et la création de dialogues pour les chatbots.

Google Cloud AI Platform Google Cloud offre une gamme d'outils et de services pour développer et déployer des modèles d'IA, y compris des environnements de formation et des API prêtes à l'emploi pour la génération de texte et d'images.

IBM Watson IBM Watson fournit des solutions d'IA pour les entreprises, incluant des capacités de traitement du langage naturel et de génération de contenu. Watson peut être utilisé pour analyser de grandes quantités de données et générer des insights exploitables.

Outils Spécifiques pour le Marketing

Canva Canva utilise des éléments d'IA générative pour aider les utilisateurs à créer des designs visuels de haute qualité. Grâce à ses fonctionnalités intuitives, même ceux sans compétences en design peuvent produire des graphiques professionnels.

HubSpot HubSpot intègre l'IA pour automatiser et personnaliser les campagnes marketing. Les outils d'IA de HubSpot peuvent aider à segmenter les audiences, personnaliser les emails, et analyser les performances des campagnes.

Chapitre 8 : L'Avenir de l'IA Générative dans le Marketing

Prédictions et Tendances

Modèles d'IA Plus Puissants Les futures versions des modèles d'IA seront encore plus puissantes et capables de comprendre des contextes complexes, générant ainsi du contenu plus pertinent et engageant.

Automatisation Totale des Campagnes L'IA générative pourrait permettre l'automatisation complète des campagnes marketing, de la création de contenu à la personnalisation et à l'optimisation en temps réel.

Interaction Homme-IA Les marketeurs travailleront de plus en plus en tandem avec les systèmes d'IA, exploitant leur capacité à traiter et analyser de vastes quantités de données pour prendre des décisions plus éclairées et créatives.

Défis et Opportunités

Éthique et Réglementation L'éthique restera une préoccupation majeure, avec un accent sur la transparence, la responsabilité, et la conformité aux régulations pour garantir que l'utilisation de l'IA soit bénéfique et équitable.

Innovation Continue L'innovation dans l'IA générative continuera de transformer le marketing, créant de nouvelles opportunités pour interagir avec les consommateurs et améliorer l'efficacité des campagnes.

Conclusion Générale

L'IA générative est en train de révolutionner le marketing, offrant des outils puissants pour créer des expériences client plus personnalisées et engageantes. En adoptant une approche stratégique et éthique, les entreprises peuvent exploiter le potentiel de l'IA pour améliorer leurs campagnes marketing et rester compétitives dans un marché en constante évolution.

Ce livre a exploré les fondements, les applications pratiques, les considérations éthiques, et les outils nécessaires pour intégrer l'IA générative dans le marketing. En suivant ces lignes directrices, les marketeurs peuvent naviguer avec succès dans ce nouveau paysage technologique et tirer parti des nombreuses opportunités offertes par l'IA générative.

Chapitre 9 : Réussites et Leçons Tirées de l'Intégration de l'IA Générative

Leçons Apprises des Projets d'IA Générative

Écoute Active et Collaboration Les projets d'IA générative les plus réussis impliquent une écoute active et une collaboration étroite entre les équipes techniques et marketing. Il est essentiel de comprendre les besoins et les objectifs de chaque département pour concevoir des solutions qui répondent efficacement aux attentes.

Importance de la Qualité des Données Les résultats des modèles d'IA dépendent fortement de la qualité des données utilisées pour leur formation. Des données propres, complètes et bien étiquetées sont essentielles pour obtenir des résultats précis et pertinents. La gestion des données doit donc être une priorité dès le début du projet.

Gestion des Attentes Il est crucial de gérer les attentes des parties prenantes concernant ce que l'IA peut et ne peut pas accomplir. Les modèles d'IA générative sont puissants, mais ils ont leurs limites et doivent être utilisés de manière complémentaire avec l'expertise humaine.

Étude de Cas : Campagne de Réengagement Client

Une entreprise de télécommunications souhaitait réduire le taux de désabonnement de ses clients. En utilisant un modèle d'IA générative pour analyser les comportements des clients et prédire ceux à risque de partir, l'entreprise a pu cibler ces clients avec des offres personnalisées et des messages de réengagement. Cette initiative a conduit à une réduction de 15% du taux de désabonnement en six mois.

Chapitre 10 : Guide Pratique pour Débuter avec l'IA Générative

Étapes pour Lancer un Projet d'IA Générative

1. Définir les Objectifs Commencez par définir clairement les objectifs de votre projet d'IA générative. Que souhaitez-vous accomplir ? Quels problèmes spécifiques cherchez-vous à résoudre ?

2. Rassembler et Préparer les Données Collectez les données nécessaires et assurez-vous qu'elles sont propres et bien étiquetées. La qualité des données est un facteur déterminant dans le succès de votre modèle.

3. Sélectionner le Modèle d'IA Choisissez le modèle d'IA le plus adapté à vos besoins. Par exemple, GPT-3 pour la génération de texte ou un GAN pour la création d'images.

4. Former et Tester le Modèle Formez votre modèle sur les données collectées et testez-le sur un ensemble de données de validation pour évaluer ses performances. Ajustez les paramètres si nécessaire pour améliorer les résultats.

5. Déployer et Intégrer le Modèle Intégrez le modèle d'IA dans vos systèmes existants et déployez-le en production. Assurez-vous qu'il peut traiter les demandes en temps réel et qu'il est régulièrement mis à jour.

6. Surveiller et Affiner Surveillez en continu les performances du modèle et apportez des améliorations en fonction des nouvelles données et des retours d'expérience.

Outils et Ressources pour Commencer

Kaggle Kaggle est une plateforme en ligne offrant des ensembles de données et des notebooks interactifs pour pratiquer et développer des compétences en machine learning et en IA.

TensorFlow TensorFlow est une bibliothèque open-source de machine learning développée par Google. Elle est largement utilisée pour construire et entraîner des modèles d'IA, y compris les modèles génératifs.

PyTorch PyTorch est une autre bibliothèque open-source de machine learning, développée par Facebook. Elle est particulièrement populaire pour les recherches en IA et la création de modèles d'apprentissage profond.

Chapitre 11 : Perspectives Globales et Impact Économique

Impact de l'IA Générative sur les Entreprises

Amélioration de l'Efficacité L'IA générative permet aux entreprises d'automatiser des tâches répétitives et de gagner du temps, ce qui améliore l'efficacité opérationnelle et réduit les coûts.

Création de Nouveaux Produits et Services Les capacités de l'IA générative ouvrent la voie à la création de nouveaux produits et services innovants, offrant des expériences plus riches et personnalisées aux clients.

Compétitivité Accrue Les entreprises qui adoptent l'IA générative peuvent améliorer leur compétitivité en proposant des solutions uniques et en répondant plus rapidement aux besoins du marché.

Perspectives Mondiales

Adoption dans Divers Secteurs L'IA générative trouve des applications dans divers secteurs, tels que la santé, la finance, le divertissement et le commerce de détail. Chaque secteur peut tirer parti des capacités de l'IA pour résoudre des problèmes spécifiques et améliorer ses processus.

Répartition Géographique L'adoption de l'IA générative varie selon les régions, avec des pays comme les États-Unis, la Chine et les membres de l'Union Européenne en tête de l'innovation et de l'implémentation.

Conclusion Générale

L'IA générative transforme le paysage du marketing en offrant des outils puissants pour créer des contenus personnalisés, améliorer l'engagement des clients et optimiser les campagnes. En adoptant une approche stratégique, éthique et collaborative, les entreprises peuvent exploiter pleinement le potentiel de l'IA générative pour améliorer leurs stratégies marketing et rester compétitives dans

un environnement en constante évolution.

Ce livre a fourni une vue d'ensemble complète sur

la compréhension et l'utilisation de l'IA générative

dans le marketing. En suivant les étapes décrites

et en adoptant les meilleures pratiques, les

marketeurs peuvent naviguer avec succès dans ce

nouveau paysage technologique et tirer parti des

nombreuses opportunités offertes par l'IA

générative.

continue

ChatGPT

Chapitre 12 : Formation et Développement des Compétences en IA Générative

Importance de la Formation Continue

L'IA générative est un domaine en rapide évolution qui nécessite une formation continue pour rester à jour avec les dernières avancées et techniques. Les marketeurs et les professionnels de l'IA doivent investir dans le développement de leurs compétences pour tirer pleinement parti des possibilités offertes par cette technologie.

Programmes de Formation et Certifications

Coursera et edX Ces plateformes offrent de nombreux cours en ligne sur l'IA et le machine learning, dispensés par des universités et des institutions renommées. Les cours couvrent des sujets allant des bases du machine learning aux techniques avancées d'IA générative.

Certifications Google AI Google propose des certifications en machine learning et IA, qui sont reconnues dans l'industrie et permettent aux professionnels de prouver leur expertise et leurs compétences.

Formation en Entreprise De nombreuses entreprises offrent des programmes de formation internes pour leurs employés, souvent en collaboration avec des experts en IA. Ces programmes sont adaptés aux besoins spécifiques de l'entreprise et aident les employés à développer des compétences pratiques et applicables.

Ressources d'Apprentissage

Livres et Publications Des livres comme "Deep Learning" par Ian Goodfellow, Yoshua Bengio et Aaron Courville, et "Pattern Recognition and

Machine Learning" par Christopher Bishop sont des ressources précieuses pour comprendre les concepts fondamentaux et avancés de l'IA.

Blogs et Sites Web Les blogs et sites web spécialisés, comme Towards Data Science, Medium, et les publications de l'OpenAI, offrent des articles et des tutoriels régulièrement mis à jour sur les dernières tendances et innovations en IA générative.

Communautés et Forums Participer à des communautés en ligne et à des forums, tels que Reddit, Stack Overflow, et les groupes LinkedIn, permet de partager des connaissances, poser des questions et se tenir informé des dernières nouvelles et recherches en IA.

Chapitre 13 : Impact de l'IA Générative sur les Carrières et le Marché du Travail

Nouvelles Opportunités de Carrière

L'essor de l'IA générative crée de nouvelles opportunités de carrière dans divers domaines, notamment :

Data Scientists et Ingénieurs en IA Ces professionnels sont responsables de la conception, du développement et de l'optimisation des modèles d'IA générative. Ils jouent un rôle crucial dans l'implémentation de solutions d'IA efficaces et innovantes.

Analystes de Données Les analystes de données travaillent avec de grandes quantités de données pour identifier des tendances et des insights qui peuvent être utilisés pour améliorer les modèles d'IA et informer les stratégies marketing.

Experts en Éthique de l'IA Avec l'augmentation des préoccupations éthiques liées à l'utilisation de l'IA, les experts en éthique sont essentiels pour garantir que les pratiques de l'IA soient responsables et conformes aux régulations.

Transformation des Rôles Existants

L'IA générative transforme également les rôles existants dans le marketing :

Créateurs de Contenu Les créateurs de contenu peuvent utiliser l'IA pour automatiser certaines tâches de création, leur permettant de se concentrer sur des aspects plus stratégiques et créatifs de leur travail.

Gestionnaires de Campagnes Les gestionnaires de campagnes peuvent tirer parti de l'IA pour optimiser les performances de leurs campagnes en temps réel et personnaliser les expériences des clients à grande échelle.

Chapitre 14 : Développement Durable et Responsabilité Sociale

L'IA Générative et le Développement Durable

L'IA générative peut contribuer au développement durable en optimisant les processus et en réduisant les déchets. Par exemple, dans l'industrie de la mode, les modèles génératifs peuvent être utilisés pour créer des designs qui minimisent les chutes de tissu et réduisent l'impact environnemental.

Responsabilité Sociale des Entreprises (RSE)

Les entreprises doivent intégrer des pratiques de responsabilité sociale lorsqu'elles utilisent l'IA générative. Cela inclut :

Transparence Être transparent sur l'utilisation de l'IA et les données collectées, en informant les consommateurs de la manière dont leurs données sont utilisées et protégées.

Équité et Inclusion Veiller à ce que les modèles d'IA soient équitables et inclusifs, en évitant les biais et en représentant diversement les groupes de population.

Impact Social Positif Utiliser l'IA générative pour des causes sociales et environnementales, comme la création de contenu éducatif, la sensibilisation à des problèmes sociaux, ou le soutien à des initiatives de développement durable.

Conclusion Finale

L'IA générative représente une avancée majeure dans le domaine du marketing, offrant des outils puissants pour la création de contenu personnalisé, l'optimisation des campagnes, et l'amélioration de l'engagement client. En adoptant une approche éthique et responsable, les entreprises peuvent exploiter le potentiel de l'IA pour transformer leurs stratégies marketing et se préparer pour l'avenir.

Ce livre a fourni une vue d'ensemble complète sur la compréhension et l'utilisation de l'IA générative dans le marketing. En suivant les étapes décrites et en adoptant les meilleures pratiques, les marketeurs peuvent naviguer avec succès dans ce nouveau paysage technologique et tirer parti des nombreuses opportunités offertes par l'IA générative.

Chapitre 15 : La Régulation et la Gouvernance de l'IA Générative

Réglementations Internationales

Réglementation en Europe L'Union Européenne (UE) est à l'avant-garde de la régulation de l'IA avec des initiatives telles que le règlement général sur la protection des données (RGPD) et la proposition de loi sur l'intelligence artificielle. Ces réglementations visent à garantir que les systèmes d'IA respectent les droits des individus et soient transparents et explicables.

Réglementation aux États-Unis Aux États-Unis, la régulation de l'IA est encore en cours de développement. Des agences comme la Federal Trade Commission (FTC) et le National Institute of Standards and Technology (NIST) travaillent sur des cadres pour garantir l'utilisation responsable de l'IA.

Réglementation en Chine La Chine investit massivement dans l'IA et a mis en place des directives pour encourager l'innovation tout en supervisant l'utilisation de l'IA dans des domaines sensibles comme la reconnaissance faciale et les services financiers.

Gouvernance d'Entreprise

Politiques Internes Les entreprises doivent développer des politiques internes pour encadrer l'utilisation de l'IA générative, en définissant des lignes directrices pour l'éthique, la transparence et la gestion des données.

Comités d'Éthique Mettre en place des comités d'éthique dédiés pour superviser les projets d'IA, s'assurer que les pratiques respectent les normes éthiques et légales, et évaluer les impacts sociaux et environnementaux.

Audit et Conformité Effectuer des audits réguliers des systèmes d'IA pour vérifier leur conformité avec les régulations en vigueur et identifier les éventuelles failles ou biais dans les modèles utilisés.

Chapitre 16 : Défis et Limites de l'IA Générative

Défis Techniques

Qualité des Données La qualité des données reste un défi majeur. Des données de mauvaise qualité peuvent entraîner des modèles biaisés ou inefficaces. Il est crucial de mettre en place des processus rigoureux de collecte et de nettoyage des données.

Interprétabilité des Modèles Les modèles d'IA générative, en particulier les réseaux neuronaux profonds, peuvent être des boîtes noires difficiles à interpréter. Il est essentiel de développer des techniques pour rendre ces modèles plus transparents et explicables.

Évolutivité Les besoins en calcul pour former des modèles d'IA générative sont souvent très élevés. L'évolutivité des infrastructures et la gestion des coûts associés sont des défis à relever pour les entreprises.

Défis Éthiques

Biais et Discrimination Les modèles d'IA peuvent reproduire et amplifier les biais présents dans les données d'entraînement. Il est important de mettre en place des mécanismes pour détecter et atténuer ces biais afin de garantir l'équité des systèmes d'IA.

Confidentialité des Données La collecte et l'utilisation de données personnelles doivent être effectuées de manière éthique et conforme aux régulations sur la confidentialité des données. Les entreprises doivent garantir que les données des utilisateurs sont protégées et utilisées de manière responsable.

Usage Malveillant L'IA générative peut être utilisée à des fins malveillantes, comme la création de fausses informations ou de deepfakes. Il est crucial de développer des stratégies pour détecter et prévenir ces abus.

Chapitre 17 : Innovations Futures et Recherches en Cours

Nouvelles Technologies

Transformers Améliorés Les modèles de transformers, comme GPT-3, continuent d'évoluer avec des versions plus puissantes et efficaces. Des recherches sont en cours pour améliorer leur capacité à comprendre et générer du langage naturel de manière encore plus précise.

Modèles Multi-Modal Les modèles multi-modal intègrent des données provenant de diverses sources, comme le texte, l'image et l'audio, pour créer des représentations plus riches et plus complètes. Ces modèles peuvent ouvrir de nouvelles possibilités pour des applications innovantes.

IA Générative et Blockchain L'intégration de la blockchain avec l'IA générative peut offrir des solutions sécurisées et transparentes pour la gestion des données et des transactions, en garantissant l'intégrité et la traçabilité des informations générées.

Domaines de Recherche Actifs

IA Explicable La recherche sur l'IA explicable vise à rendre les modèles d'IA plus transparents et compréhensibles pour les utilisateurs. Cela est crucial pour gagner la confiance des utilisateurs et faciliter l'acceptation de l'IA dans des applications critiques.

Éthique et Gouvernance de l'IA Des études sont menées pour développer des cadres éthiques et des politiques de gouvernance qui régissent l'utilisation de l'IA. L'objectif est de garantir que les systèmes d'IA sont utilisés de manière responsable et bénéfiques pour la société.

IA et Durabilité Les chercheurs explorent comment l'IA peut être utilisée pour promouvoir la durabilité environnementale. Cela inclut des applications pour l'optimisation des ressources, la réduction des déchets et la lutte contre le

changement climatique.

Conclusion Générale

L'IA générative est une technologie

transformative qui offre des possibilités immenses

pour le marketing et d'autres domaines.

Cependant, son utilisation doit être encadrée par

des pratiques éthiques, une régulation appropriée

et une gestion responsable. En adoptant une

approche équilibrée qui combine innovation et

responsabilité, les entreprises peuvent exploiter

le potentiel de l'IA générative pour créer des

expériences client enrichies, optimiser leurs opérations et contribuer positivement à la société.

Ce livre a exploré les multiples facettes de l'IA générative, fournissant des insights pratiques, des études de cas, et des recommandations pour intégrer cette technologie de manière efficace et éthique. En suivant ces lignes directrices, les marketeurs et les entreprises peuvent naviguer avec succès dans le paysage technologique en évolution rapide et tirer parti des nombreuses opportunités offertes par l'IA générative.

Chapitre 18 : Stratégies d'Implémentation et de Mesure du Succès de l'IA Générative

Planification Stratégique

Évaluation des Besoins Commencez par une évaluation approfondie des besoins de votre entreprise. Identifiez les domaines où l'IA générative peut apporter le plus de valeur, que ce soit dans la création de contenu, l'analyse des données, ou l'engagement client.

Définition des Objectifs Établissez des objectifs clairs et mesurables pour vos projets d'IA générative. Cela peut inclure l'amélioration du taux de conversion, l'augmentation de l'engagement client, ou la réduction des coûts opérationnels.

Choix des Outils et Technologies Sélectionnez les outils et technologies les plus appropriés pour vos besoins. Cela peut inclure des plateformes d'IA comme OpenAI, des bibliothèques de machine learning comme TensorFlow ou PyTorch, et des services de cloud computing pour le déploiement à grande échelle.

Déploiement et Intégration

Développement et Formation du Modèle Formez votre modèle d'IA avec des données pertinentes et de haute qualité. Assurez-vous que votre équipe dispose des compétences nécessaires pour gérer le processus de développement et d'entraînement du modèle.

Test et Validation Testez votre modèle sur des ensembles de données de validation pour évaluer ses performances. Identifiez et corrigez les biais et les erreurs avant de déployer le modèle en production.

Intégration avec les Systèmes Existants Intégrez l'IA générative dans vos systèmes existants de manière transparente. Cela peut inclure l'intégration avec des plateformes de gestion de contenu, des outils de marketing automation, ou des systèmes de gestion de la relation client (CRM).

Mesure et Analyse du Succès

Indicateurs de Performance Clés (KPI) Définissez des indicateurs de performance clés pour mesurer le succès de vos initiatives d'IA générative. Les KPI peuvent inclure le taux de conversion, le taux de clics, la satisfaction client, et le retour sur investissement (ROI).

Analyse Continue Effectuez une analyse continue des performances de votre modèle d'IA. Utilisez des tableaux de bord et des outils d'analyse pour suivre les KPI et identifier les domaines nécessitant des ajustements.

Retour d'Expérience et Amélioration Recueillez des retours d'expérience de la part des utilisateurs et des parties prenantes. Utilisez ces informations pour apporter des améliorations continues à votre modèle et à vos processus.

Chapitre 19 : Collaboration Interdisciplinaire et Équipe d'IA

Constitution de l'Équipe

Compétences Nécessaires Une équipe d'IA efficace doit inclure un mélange de compétences techniques et commerciales. Cela inclut des data scientists, des ingénieurs en machine learning, des spécialistes en marketing, et des experts en éthique de l'IA.

Rôles et Responsabilités Définissez clairement les rôles et les responsabilités de chaque membre de l'équipe. Assurez-vous que chacun comprend ses contributions spécifiques au projet et comment elles s'intègrent dans les objectifs globaux.

Collaboration Interdisciplinaire

Communication et Coordination Foster une communication ouverte et une collaboration étroite entre les différentes disciplines. Utilisez des outils de gestion de projet et des réunions régulières pour assurer la coordination et l'alignement des efforts.

Formation Croisée Encouragez la formation croisée entre les équipes techniques et commerciales. Cela permet aux spécialistes en marketing de mieux comprendre les capacités de l'IA et aux ingénieurs de mieux comprendre les besoins commerciaux.

Chapitre 20 : Perspectives d'Avenir et Évolutions de l'IA Générative

Tendances Émergentes

Personnalisation de Masse L'IA générative permettra une personnalisation de masse à une échelle sans précédent, offrant des expériences hyper-personnalisées pour chaque client, basées sur leurs préférences et comportements individuels.

Interactions Naturelles Les avancées en IA générative amélioreront les capacités des assistants virtuels et des chatbots, permettant des interactions plus naturelles et fluides avec les utilisateurs.

Création de Contenu Augmentée L'IA générative continuera à évoluer pour assister les créateurs de contenu en générant des idées, en rédigeant des brouillons et en automatisant des tâches répétitives, tout en permettant aux humains de se concentrer sur des aspects plus créatifs et stratégiques.

Impact Sociétal

Éducation et Formation L'IA générative jouera un rôle clé dans l'éducation, en offrant des contenus pédagogiques personnalisés et en aidant à développer des compétences adaptées aux besoins du marché du travail en évolution.

Santé et Bien-être Dans le domaine de la santé, l'IA générative peut aider à créer des plans de traitement personnalisés, à analyser des données médicales complexes et à fournir des recommandations précises pour améliorer les soins aux patients.

Arts et Culture L'IA générative ouvrira de nouvelles possibilités dans les arts et la culture, en permettant la création de nouvelles formes d'art, en facilitant la préservation du patrimoine culturel, et en offrant des expériences immersives innovantes.

Conclusion Générale

L'IA générative est en train de révolutionner le marketing et bien d'autres domaines en offrant des capacités sans précédent pour la création de contenu, l'analyse de données et l'engagement client. Pour tirer pleinement parti de cette technologie, les entreprises doivent adopter une approche stratégique et éthique, investir dans la formation et le développement des compétences, et encourager la collaboration interdisciplinaire.

Ce livre a fourni une vue d'ensemble complète sur la compréhension et l'utilisation de l'IA générative dans le marketing. En suivant les étapes décrites et en adoptant les meilleures pratiques, les marketeurs peuvent naviguer avec succès dans ce nouveau paysage technologique et tirer parti des nombreuses opportunités offertes par l'IA générative.